L'ANGLETERRE

DEVANT LA FRANCE

L'ANGLETERRE

DEVANT LA FRANCE

EXPOSÉ RAPIDE

DES NOMBREUX GRIEFS DE LA FRANCE
CONTRE L'ANGLETERRE

SUIVI D'UN

EXAMEN COMPARATIF DES FORCES MILITAIRES DE TERRE
ET DE MER ET DE L'ÉTAT FINANCIER RESPECTIF
DES DEUX NATIONS

Par M. de MÉTIVIERS DE VALS

Auteur de plusieurs écrits militaires.

PARIS
IMPRIMERIE DE CH. JOUAUST
338, RUE SAINT-HONORÉ.

—

1860

AVANT-PROPOS

Le lieutenant général anglais sir William Napier, parent de l'amiral bien connu de ce nom, a publié un mémoire, en octobre 1859, dans lequel il trace avec détail à ses compatriotes le plan défensif qu'ils devraient employer contre les colonnes d'une armée française, s'il advenait qu'il s'en présentât dans leur pays.

Les cris d'alarme si souvent répétés par divers journaux des bords de la Tamise, le *Times* entre autres, et principalement cette dernière brochure, dont nous ne discuterons point le mérite, mais qui prend néanmoins une certaine gravité par le rang élevé de son auteur, sont venus nous suggérer la pensée de considérer, à notre tour, quelle a été la conduite incessante de l'Angleterre vis-à-vis de la France, quels sont les divers moyens de forces et d'actions respectives actuelles des deux peuples, afin d'être à même de rechercher ensuite quel pourrait être le meilleur système à prendre pour forcer la barrière de l'Océan, et lancer au delà du détroit nos aigles agressives, comme semblent l'appréhender nos inquiets voisins.

L'ANGLETERRE

DEVANT LA FRANCE

I

L'Angleterre a toujours été l'ennemie la plus acharnée
de la France. Les haines et les hostilités de cette nation
contre sa voisine d'outre-Manche, composent presque en
entier l'histoire des deux Etats. Leur lutte, commencée
dès l'avénement de la dynastie capétienne, se prolonge
pour ainsi dire sans interruption jusqu'au règne du dernier descendant d'Hugues Capet.

Depuis le jour où Guillaume le Conquérant s'empara du
trône saxon, sa fierté, piquée au vif par une raillerie de
Philippe Ier, suscita entre les deux princes une première
guerre, pendant laquelle Guillaume ravagea le Vexin et
vint livrer la ville de Mantes au pillage et aux flammes. Plus

tard, la Normandie ayant été réunie à l'Angleterre, sous le règne de Henri Ier, second successeur de Guillaume, il s'en suivit de nouvelles luttes.

Ce que l'on observe néanmoins, non sans quelque orgueil pour notre patrie, en parcourant les faits anciens, c'est que, malgré les triomphes accidentels que la Grande-Bretagne a pu obtenir sur la France, elle n'en est pas moins, jusqu'en 1792, constamment restée vaincue et amoindrie après le dénoûment de ses guerres avec notre nation.

Il suffit, pour s'en convaincre, de considérer la situation respective des deux États avant et après chaque période de luttes.

Parcourons, par exemple, cette phase sanglante qui s'étend depuis le mariage d'Éléonore d'Aquitaine, femme divorcée de Louis le Jeune, avec Henri Plantagenet (1160) jusqu'à la bataille de Castillon (1453). Ces trois cents années de notre histoire présentent dans toute son énergie, sa persistance et sa portée, la querelle des deux peuples. Il s'agissait, en réalité, de savoir si l'Angleterre absorberait la nationalité française, ou si celle-ci assurerait à jamais son indépendance et sa glorieuse existence.

La loi fatale de la féodalité avait rendu le monarque anglais maître des plus belles provinces de France : la Normandie, l'Anjou, le Perche, le Maine, la Touraine, la Guyenne, le Poitou, le Limousin, la Saintonge, l'Angoumois, et le Périgord. Il en résultait que les riches héritiers d'Éléonore, vassaux du roi de France, dépassaient en puissance leur suzerain.

Dans les luttes incessantes de cette douloureuse époque, plus d'une fois sans doute la fortune des combats avait favorisé nos armes ; néanmoins nous avions eu de néfastes journées : Crécy, Poitiers, Azincourt, trois de ces défaites dont une seule eût suffi pour perdre un empire autre que la France.

Un de nos rois, Jean II, a été fait prisonnier ; un autre, Charles VI, est atteint de démence ; le royaume entier est désolé par les factions, et livré aux routiers anglo-gascons, bourguignons et armagnacs ; ils ont tous remplacé le vieux cri de France : *Montjoie, Saint-Denis ;* un roi d'Angleterre, Henri de Lancastre, a su, à travers le brigandage et les dissensions intérieures, se frayer la voie du trône de France ; il est couronné dans Paris.

Pendant ce temps, l'héritier de la monarchie nationale, refoulé dans les montagnes d'Auvergne, n'a plus autour de lui que sept braves et fidèles chevaliers qui ne veulent pas désespérer de leur patrie ; et, dans la pauvre chapelle du château d'Espailly, ils tirent leur grande épée et proclament Charles VII roi de France.

Tout allait donc au plus mal ; mais à l'extrême péril va succéder l'extrême gloire. Jeanne d'Arc paraît et mène au combat nos escadrons ; les Anglais fuient, Charles VII est couronné à Reims, il rentre dans Paris, et, de province en province, chasse devant lui les Anglais. La couronne qu'ils ont usurpée se brise peu à peu ; non-seulement nous reprenons à l'Angleterre tous les territoires que lui ont livrés la guerre et la félonie, mais encore le patrimoine continental des souverains anglais, héritage d'Éléonore d'Aquitaine, lui échappe, il *est rafflé de ville en ville*, pour nous servir de l'expression de Mézeray, par la vail-lance et le patriotisme de la chevalerie française; et quand Talbot, le héros de l'Angleterre, succombe dans les champs de Castillon, il ne reste plus à notre orgueilleuse rivale pour figurer sa belle souveraineté anglo-française, qu'un seul point des côtes de la Manche : Calais! Calais, qu'un autre roi, Henri II, saura lui enlever.

Ainsi, le beau royaume de France est rétabli plus vaste et plus fort qu'il n'avait jamais été ; on peut même dire qu'il date de Charles VII.

La guerre a affranchi le territoire et en a reculé les li-mites ; elle lui a donné de plus une armée permanente pour le défendre. Désormais les rois de France auront une force militaire qui les rendra indépendants de leurs ba-rons ; maîtres de leurs États, ils les feront respecter de leurs voisins.

Néanmoins la France continue à lutter de temps à autre contre l'Angleterre, mais ce n'est plus pour son existence ni pour son territoire : c'est pour maintenir son rang parmi les États et sa légitime influence dans le monde politique. Pendant plus de deux siècles, les guerres des deux pays n'apparaissent plus que sur le second plan ; toutefois l'intrigue britannique ne cesse pas un instant d'agir contre nous (1). C'est surtout avec la maison d'Au-

----

(1) En 1546, Gaspard de Sauls, seigneur de Tavannes, écrivait : « Les Anglais se sont conservés en troublant leurs voisins ; il y a « trente ans qu'ils entretiennent la guerre civile en France et en « Flandre, désirant épuiser l'argent de l'une et les hommes de l'autre,

triche, c'est avec l'Espagne, que la France combattra jusqu'à ce qu'elle ait mis fin à la suprématie de l'une par le traité de Westphalie, et lié la seconde à son sort par le traité des Pyrénées, que suivra l'avénement d'une branche de la dynastie française à Madrid, et, plus tard, le pacte de famille.

Mais en montant sur le trône d'Angleterre, Guillaume d'Orange y porte la haine et l'envie qui animaient déjà le stathouder de Hollande contre la France. Le cabinet de Saint-James devient alors le moteur de toutes les coalitions européennes ; ses généraux sont à la tête de toutes les ligues armées vis-à-vis de nous. Heureusement la France a pour souverain Louis XIV, et l'Europe entière ne peut empêcher ce grand roi d'ajouter à son territoire trois magnifiques provinces : la Flandre, l'Alsace et la Franche-Comté.

L'Angleterre sommeille pendant quelques années du règne de Louis XV ; mais notre ascendant en Espagne, nos alliances avec l'Allemagne, l'irritent de nouveau ; elle nous suscite un de nos plus redoutables ennemis, elle prend part à la guerre de Sept ans, et pendant que la France est aux prises avec les puissances du continent, sa marine, considérablement fortifiée sous Cromwell, par-

« et meuvent les guerres entre les Espagnols et les Français, sément,
« dilatent, embrasent le feu et le sang en la maison d'autrui pour
« faire prospérer la lueur. »

Trois siècles ont passé sur cette définition de la politique anglaise sans la vieillir ; voilà ce qu'elle était hier, ce qu'elle est aujourd'hui, ce qu'elle sera demain.

court les mers, ruine notre commerce, et nous ravit des colonies lointaines, entre autres le Canada. Ces pertes furent toutefois bien compensées par l'annexion de la Lorraine et de la Corse.

Sous le règne suivant, nous reprenons nos avantages. Ce règne fut peut-être le plus grand de l'ancienne monarchie sous le rapport de notre gloire maritime. L'Angleterre avait cherché l'empire des mers, la France le lui disputa avec succès ; nos flottes se mesurèrent dans les deux mondes sur toutes les mers avec les escadres d'Albion, et les rivages de l'Inde, comme ceux d'Amérique, retentirent du bruit de nos victoires navales ; Suffren, d'Estaing, de Grasse, de Vaudreuil, Lamotte-Piquet, abordèrent résolument les flottes britanniques et menacèrent même les côtes d'Angleterre. Ainsi, malgré quelques revers, l'ensemble et l'éclat des triomphes de la marine française prouvèrent que sur mer pas plus que sur terre la France n'avait à s'incliner devant la Grande-Bretagne.

A l'heure de ce duel terrible, le sentiment de notre force fit trembler le cabinet de Londres. Son premier ministre, lord North, vint proposer en plein parlement d'acheter la paix par l'abandon de l'Amérique. Ce fut dans cette mémorable séance que le comte de Chatam, accablé par l'âge et la maladie, se fit porter à la tribune, et, puisant dans son patriotisme l'éloquence de ses beaux jours, s'écria d'une voix vibrante encore : « Milords, faut-il que ce « royaume si glorieux dans l'univers fléchisse aujour- « d'hui le genou devant son implacable ennemie, la mai- « son de Bourbon ?... Non, Milords, faisons de nouveaux

« efforts, et si nous devons succomber, que ce soit du
« moins en gens d'une noble et valeureuse nation. »

Entraînée par cet appel suprême d'un grand homme
d'Etat, qu'elle entendait pour la dernière fois, l'Angleterre continua la guerre ; mais elle fut vaincue. Les Etats-
Unis, ce beau fleuron de sa couronne, en furent détachés
à jamais, et la France put compter un puissant auxiliaire
dans ces lointaines mers où nos vaisseaux venaient de se
montrer triomphants.

Répétons-le donc à l'honneur de nos pères : ils furent
inquiétés, troublés, combattus par la nation anglaise ;
mais la vigoureuse détermination qu'ils surent mettre
dans leurs diverses luttes finit toujours par leur donner
l'avantage.

II

Sous la République et sous le premier Empire, le ministère anglais n'a cessé de prodiguer son or et de multiplier
ses malveillantes démarches pour entraîner les divers cabinets du Continent à nous faire la guerre ; son but per-
manent a été d'abaisser notre puissance maritime, la seule
qu'il redoutât en Europe, et de ruiner notre commerce
d'outre-mer, afin de pouvoir ensuite régner sans partage
sur l'Océan.

Aussi vit-on le général Bonaparte, lorsqu'il prit le

commandement de l'armée d'Italie, dire à ses soldats,
dans son ordre du jour du 9 mars 1796 :

« De tant d'ennemis qui se coalisèrent pour étouffer la
« République à sa naissance, l'empereur d'Autriche seul
« reste devant nous ; il n'a plus de politique, de volonté,
« que celle de ce cabinet perfide qui, étranger aux mal-
« heurs de la guerre, sourit avec plaisir aux maux du
« Continent. »

L'année suivante, il exprime de nouveau cette même
pensée sur le cabinet de Saint-James dans sa lettre
du 2 avril 1797, où il propose la paix au prince Charles,
général en chef de l'armée autrichienne :

« Le Directoire exécutif de la République française avait,
« dit-il, fait connaître à Sa Majesté l'empereur le désir de
« mettre fin à la guerre qui désole les deux peuples ; l'in-
« tervention de la cour de Londres s'y est opposée. Faut-il,
« pour les intérêts et la passion d'une nation étrangère
« aux maux de la guerre, que nous continuions à nous
« entr'égorger ?... »

Pendant la première République, deux expéditions furent entreprises contre l'Angleterre. La première eut lieu
en décembre 1796, et la seconde en août 1799 ; l'une et
l'autre eurent pour but, en nous vengeant, d'aider le
peuple irlandais à s'affranchir de la domination anglaise.
L'insuccès de la première de ces tentatives fut causé par
la dispersion de la flotte.

Celle-ci, placée sous le commandement du général
Hoche, était composée de trente bâtiments de haut bord,
portant quinze mille hommes de débarquement. Cette

escadre fut fatalement divisée par des tempêtes ; une faible portion atteignit la baie de Bautry, située sur la côte sud-ouest d'Irlande, et point désigné pour le débarquement ; mais elle ne put mettre son monde à terre, et la totalité de la flotte se vit dans l'obligation de rentrer en France.

La seconde expédition fut mal ordonnée par le ministère de la marine : une seule division sortit de Rochefort et vint mouiller dans la baie de Killola, située dans le golfe de Stigo. Le débarquement put s'effectuer, mais avec un trop faible corps de troupes, sous le brave général Humbert. Celui-ci n'ayant point reçu toutes les forces qui lui étaient destinées, parce que la flotte qui les lui apportait, sortie de Brest trop tard, ne put lui arriver à temps, fut bientôt entouré par une armée anglaise de vingt-cinq mille hommes, et réduit à se rendre prisonnier, après plusieurs héroïques combats.

L'année précédente (1798), après la rupture définitive des négociations de paix entamées à Lille entre le gouvernement français et celui de la Grande-Bretagne, le Directoire arrêta la formation d'une armée, dite d'Angleterre, qui fut mise sous les ordres du général Bonaparte.

D'immenses préparatifs d'invasion furent faits dans tous les ports de la République ; mais ces apprêts, auxquels le Directoire donnait un très haut retentissement, n'avaient d'autre motif que de mieux dissimuler le départ de l'expédition d'Égypte.

Dès que le général Bonaparte, qui devait plus tard occuper le trône impérial, fut devenu premier consul de la nation française (novembre 1799), il crut devoir dédai-

gner les détours d'une politique artificieuse avec le souverain qui, depuis le commencement de la Révolution,
n'avait cessé d'attiser le feu de la guerre; il s'adressa donc
directement au roi Georges III, avec une franchise et une
loyauté inconnues jusqu'alors dans la diplomatie européenne, lui proposant de s'entendre avec lui pour mettre
un terme aux ravages d'un fléau qui durait depuis huit
ans, sans que les peuples eussent obtenu quelque allégement dans leurs malheurs.

Cette démarche du premier consul ne fut point accueillie par le ministère anglais, comme l'auraient exigé les intérêts de l'humanité. Pitt, dont le génie exerçait alors un
si grand ascendant sur la politique de l'Europe, s'opposa
formellement à ce que l'on prêtât l'oreille aux propositions
de Bonaparte. « Dans aucun cas, s'écriait-il à la fin de
tous ses discours, *gardez-vous de traiter avec cet homme !* »
Et d'autres orateurs, partageant les vues du chef de leur
Cabinet, ne craignirent point de faire entendre que les
troubles intérieurs de la France et les guerres qu'ils
avaient occasionnées sur le Continent, loin de nuire à la
fortune du Royaume-Uni, avaient au contraire contribué
à grossir ses ressources financières, en ouvrant, sans concurrence, de nombreux débouchés aux diverses exportations du pays.

Hâtons-nous de dire, toutefois, qu'il se trouva dans le
parlement anglais des voix généreuses, entre autres celles
de Fox, Shéridan et Tierney aux Communes, du duc de
Bedford et de lord Holland à la Chambre des Pairs, qui surent flétrir avec éloquence cette soif exagérée de l'or au

mépris du repos et du sang humain ; mais elles prêchaient dans le désert : les mauvaises passions dont se trouvait animé ce gouvernement prétendu civilisateur prévalurent, et la guerre se prolongea.

III

Déjà près de vingt mois s'étaient écoulés depuis la noble proposition d'entente dont nous venons de parler, et, depuis cette époque, de gros événements s'étaient accomplis : le redoutable Pitt avait été renversé avec son ministère et remplacé par le cabinet de lord Addington ; les belles armées autrichiennes, qui l'année précédente menaçaient de pénétrer sur le sol français, avaient été battues en Italie dans la mémorable journée de Marengo, et quelques mois plus tard, en Allemagne, à la bataille de Hohenlinden.

Ces deux désastres avaient déterminé la cour de Vienne à rompre sa seconde coalition avec l'Angleterre et à conclure séparément la paix de Lunéville, qui fut signée par François II, au double titre de souverain des États autrichiens, et, pour le corps germanique, comme empereur d'Allemagne.

Peu de temps avait donc suffi au général Bonaparte pour changer en bien, à l'intérieur comme à l'extérieur, la face des choses en France ; sa politique et son administration ferme, sage et habile, avaient ramené tout d'abord la tranquillité et l'harmonie dans les départements de la République, d'où elles étaient éloignées depuis plusieurs années; et les nations du continent, ne pouvant s'empêcher d'admirer la gloire acquise sur une foule de champs de bataille par les armées républicaines, gloire à laquelle avait si puissamment contribué le génie du premier consul, se trouvaient heureuses alors de se remettre en bonnes relations d'amitié avec la France. Les Anglais, seuls, toujours nos intraitables et vieux ennemis, restèrent debout pour la lutte.

Cependant la paix générale, rétablie sur le continent, ne tarda point à faire réfléchir très sérieusement le cabinet de Saint-James; il comprit qu'il devenait essentiel à ses intérêts de céder momentanément à la fortune de son heureuse rivale en essayant de cette paix, pour laquelle la masse de sa nation se montrait elle-même passionnée. C'est qu'en effet, après dix ans de luttes, le peuple anglais souhaitait ardemment un instant de répit, avec toute la vivacité du désir que l'on éprouve pour un changement dans lequel on espère trouver une amélioration.

Le gouvernement français avait alors à Londres un envoyé, M. Otto, chargé d'y traiter des affaires concernant les prisonniers de guerre. Lord Hawkesbury, l'un des ministres, eut la mission d'ouvrir avec M. Otto des conférences de paix. Notre envoyé fut donc appelé pour entamer une négociation sérieuse, qui se prolongea quelque temps; mais enfin les deux parties désirant la paix, les préliminaires en furent signés le 1er octobre 1801.

Toutefois, la rédaction des articles définitifs de cette paix tant désirée éprouva de fréquentes et vives discussions. Le premier consul, inébranlable, n'admettait aucunes concessions susceptibles de porter le moindre préjudice aux intérêts nationaux, matériels ou moraux ; et le ministère anglais, de son côté, troublé dans sa vieille politique qui consiste *à vouloir toujours que ses intérêts fussent satisfaits avant tout et sur tout*, se trouvait être maintenu cette fois dans les bornes d'une juste égalité de droits. Enfin, après six mois d'oscillations, toutes les parties du traité, péniblement élaborées, furent acceptées par les deux gouvernements et signées à Amiens le 25 mars 1802.

IV

Malheureusement, l'enthousiasme témoigné d'abord par la nation britannique au sujet de la paix ne fut pas de longue durée ; la réalité fut loin de satisfaire ses espérances. Nos voisins d'outre-Manche nous observèrent de plus près qu'ils ne l'avaient fait durant les hostilités ; ils virent la France, grande alors par la guerre, devenue grande par ses négociations d'alliance, allant aussi devenir grande par les travaux de son industrie et de son commerce ; ils virent également sa marine, marchande et militaire, qu'ils avaient considérée comme à peu près détruite, reparaître avec éclat, faire flotter son pavillon glorieux chez les peuples les plus éloignés, et ses diverses exportations commerciales s'étant trouvées en présence de celles d'Angleterre sur les marchés étrangers y avaient soutenu la concurrence avec quelque faveur (1).

Alors l'Angleterre, fidèle aux traditions du passé, sentit renaître sa jalousie ; l'égoïsme naturel de son commerce s'en étant ému profondément, les nombreux fabricants du royaume, ses puissants banquiers, ses riches armateurs, donnèrent le signal du mécontentement ; ils firent pousser de toutes parts des cris d'alarme : « Qu'allaient deve-
« nir, disait-on, les fabriques, le négoce, la fortune, la
« prépondérance supérieure de la nation, si les ministres
« laissaient la France marcher plus longtemps dans cette
« voie de pertes et d'humiliations pour le pays ? »

Le Foreign-Office avait prévu ces clameurs ; il s'était ménagé le moyen d'y faire droit par la persistance de ses refus d'évacuer l'île de Malte, bien qu'il fût clairement exprimé dans le traité d'Amiens que cette forteresse serait rendue à l'ordre des chevaliers de Saint-Jean de Jérusalem, sous le protectorat de deux grandes puissances. Or, les empereurs de Russie et d'Autriche avaient accepté ce patronage.

Mais il entre dans les principes politiques du cabinet anglais que ce qui est bon à prendre est, parfois, également très bon à garder, et l'île de Malte offrait à la marine anglaise une trop belle station dans la Méditerranée pour

---

(1) Voir le 15ᵉ volume des *Victoires et Conquêtes*, depuis la page 2 usqu'à la page 10.

qu'il ait jamais eu l'intention de la restituer à ses anciens possesseurs.

Cependant le premier consul insistait vivement pour que la remise en fût faite de suite. Ayant de son côté fait religieusement exécuter toutes les conditions imposées à la France par le traité, il réclamait avec raison que le gouvernement britannique fût aussi fidèle à remplir les siennes.

Les hommes qui dirigeaient celui-ci, ne se piquant point d'un tel scrupule, refusèrent sous mille prétextes d'évacuer cette île; ils repoussèrent même toute proposition d'arbitrage, bien convaincus que nul arbitre au monde ne pourrait admettre les mauvaises allégations sur lesquelles ils s'appuyaient.

Le général Bonaparte était trop clairvoyant pour se laisser abuser. La durée de la paix lui était cependant nécessaire, il la désirait ardemment; mais, poussé à bout, indigné de l'évidente mauvaise foi de ses adversaires, ayant épuisé envers eux tous les moyens honorables de conciliation pour la conserver (1), l'ordre fut enfin donné à son ambassadeur à Londres de prendre immédiatement ses passe-ports. Ce fut donc l'inique et vénale ambition du haut commerce anglais qui entraîna son gouvernement à rallumer, le 17 mars 1803, avec plus de violence que jamais, le brandon de la guerre à peine éteint.

____

(1) Voir son admirable entretien du 18 février 1803 avec lord Withworth, ambassadeur anglais à Paris. (4e volume de Thiers, page 296. *Le Consulat et l'Empire.*) — Et dans le même volume, son discours à l'ouverture du Corps législatif, 20 février même année.

A l'instant même où la paix fut rompue, l'amirauté britannique s'empressa de mettre embargo sur les vaisseaux français et hollandais, et lança ses escadres à la poursuite de ceux qui naviguaient sur la foi des traités. Et aux vives réclamations adressées par le premier consul, les ministres anglais se contentèrent de répondre froidement *« que c'était leur usage; qu'ils l'avaient toujours fait. »*

V

Quelques personnes qui ne se sont point rendu un compte assez exact de la politique traditionnelle qui ne cesse de dominer les actes du gouvernement anglais, ont attribué la persistance de sa vive lutte contre la République française à la ferme résolution d'abattre le principe révolutionnaire, qui, non content de menacer tous les trônes, avait poussé son atroce fureur jusqu'à faire rouler sur l'échafaud la noble tête du roi Louis XVI, chef de la vieille et illustre famille des Bourbons; et que, plus tard, son intention bien arrêtée de rétablir en France la couronne déplacée, l'avait portée à combattre à outrance pendant dix ans, sur tous les points du globe, l'élévation de Napoléon Ier.

De tels sentiments n'ont jamais pénétré dans l'âme des chefs de la jalouse Albion. Pour eux, le principe fondamental de leur conduite consiste à n'avoir ni sympathie ni répulsion pour les diverses formes de gouvernement adoptées par les autres pays, non plus que pour les chefs de fait, quels qu'ils puissent être. Le cabinet de Saint-James s'allie, protége ou combat les monarchies légitimes ou les révolutions, selon que ses affaires commerciales, sa marine, sa gloire et sa prépondérance peuvent y trouver des avantages. Il ne reconnaît qu'un seul intérêt avec lequel il ne puisse s'allier, c'est *l'intérêt national du peuple avec lequel il traite*?

Ne l'a-t-on pas vu, récemment, prétendre s'opposer à la juste vengeance des Espagnols envers la piraterie et le brigandage des Marocains, et fournir à ces derniers des armes et des munitions de guerre, parce qu'il trafiquait avec cette nation demi sauvage, alors que, dans le même temps, il allait combattre les Chinois en se couvrant du prétexte spécieux de porter chez eux la civilisation, mais n'ayant d'autre motif, assure-t-on, que de forcer ces peuples à lui acheter une substance qu'ils repoussent, et d'autres marchandises dont les fabriques anglaises prétendent les inonder.

VI

De 1792 à 1814, nos voisins d'outre-Manche n'ont eu d'autre guide que leur intérêt particulier, et, comme aujourd'hui, ils obéissaient à leur vieux et abominable prin cipe ‘ *qu'il est juste de faire la guerre dans le but de faire de l'argent* (1). Ils étaient donc par trop satisfaits des troubles et des dissensions qui déchiraient la France durant la République pour avoir jamais songé à combattre dans le but de ramener l'ordre au sein de notre patrie ; ils feignaient, il est vrai, des sentiments dévoués à l'égard de la malheureuse cause de l'émigration ; mais en faisant la guerre, ils n'étaient dirigés que par leur éternel désir de nous abaisser, nous appauvrir et s'agrandir à nos dépens.

Le Consulat et l'Empire avaient changé les situations : la France, devenue florissante dans les mains du chef qu'elle s'était choisi et dont les talents extraordinaires étonnaient le monde, la France entrait dans une ère de prospérité inconnue jusqu'alors ; le génie de Napoléon avait étendu les frontières de l'Empire ; il pouvait, n'ayant plus à défendre les provinces qu'il avait conquises sur le continent, porter ses vues et sa puissante intelligence vers la marine militaire, imprimer une vive impulsion à celle du commerce, et les rendre l'une et l'autre capables de dominer à leur tour sur l'étendue des mers, domination d'où

-----

(1) Voir dans *le Moniteur* du 2 avril 1860 le remarquable discours de lord Ellenborougt : La guerre actuelle (celle de Chine) lui inspire, dit-il, la plus profonde horreur ; il répudie avec mépris le principe, *qu'il est juste de faire la guerre dans le but de faire de l'argent.* Aucune idée n'existe en ce pays, ajoute-t-il, des horreurs de la guerre de Chine de 1842, horreurs si grandes, que lui, alors gouverneur général de l'Inde, n'osa pas publier les rapports qu'il recevait, par respect d'humanité.

la Grande-Bretagne tirait sa haute considération, son influence politique et ses immenses richesses.

Le cabinet de Londres aperçut le danger qui menaçait la puissance de son pays; la frayeur qu'il avait du vigoureux athlète en présence duquel il se trouvait fit bouillonner plus ardemment que jamais la jalousie haineuse si naturelle au cœur de tout Anglais à notre égard ; son peuple avait des monceaux d'or à sacrifier; il se sentait, en outre, très habile dans la science de l'intrigue; avec ces puissants éléments il vit la possibilité de soulever de nouveau nos ennemis et de les faire agir dans le duel à mort qu'il avait résolu de livrer à son terrible adversaire.

Voilà les diverses et seules raisons qui animèrent le Foreign-Office dans l'opiniâtre persistance qu'il mit à combattre la France de 1803 à 1814.

VII

La paix d'Amiens ayant été rompue, contrairement aux vœux du premier consul, celui-ci conçut immédiatement le projet d'aller, avec ses redoutables légions, attaquer ces implacables insulaires sur les bords de la Tamise.

En exécution de ses ordres, 2,300 petits bâtiments avaient été réunis à Boulogne, Etaples, Wimereux et Embleteuse (1). On avait divisé cette nombreuse flottille en huit escadrilles. Chacune devait porter un corps d'armée, ou les réserves, formant ensemble un effectif d'environ 130,000 hommes.

Neuf chaloupes, dites bateaux canonnières, composaient une section et portaient un bataillon ; deux de ces sections formaient une division et portaient un régiment. Les péniches, ne pouvant porter que la moitié moins de monde, devaient être doubles en nombre. La division de péniches était composée de quatre sections ou trente-six péniches, au lieu de dix-huit canonnières, afin de suffire à un régiment de deux bataillons. A chaque escadrille

---

(1) Cette fameuse flottille se composait :

De trente prames, disposées dans leur cale en écuries pour cinquante chevaux ; chaque prame, construite et armée, avait coûté soixante mille francs ;

De trois cents canonnières, dites bateaux de première espèce ; chacune d'elles avait coûté, construite et armée, trente-cinq mille francs ;

De trois cent cinquante bateaux plats, dits de seconde espèce, qui revenaient, construits et armés, à vingt mille francs chacun ;

De quatre cents péniches ; chacune d'elles avait coûté, construite et armée, sept mille francs.

Il en résultait donc que la construction et l'armement de tous ces bateaux coûtèrent la modique somme de vingt à vingt-deux millions. A quoi il faut joindre celle d'environ cinq millions pour les frais d'armement des anciens bateaux de guerre et l'achat de plusieurs bâtiments de transport. Il en résulta que la dépense totale de premier établissement de cette flottille, qui menaça près de trois ans l'Angleterre, ne fut que de vingt six à vingt-sept millions. C'est bien peu d'argent, comparé aux grands résultats que notre gloire, notre fortune et notre repos eussent obtenus du succès.

était joint un certain nombre de bateaux de pêche ou bâtiments de cabotage, qu'on avait disposés pour embarquer les chevaux de la cavalerie et les gros bagages.

Chaque escadrille était dirigée par un officier supérieur de la marine et manœuvrait en mer d'une manière indépendante, quoique combinée avec l'ensemble des opérations ; de la sorte, la distribution de la flotte se trouvait complétement adaptée à celle de l'armée.

Cinquante vaisseaux de haut bord, plus six à huit frégates, étaient appelés à venir se présenter dans la Manche ; mais ces derniers bâtiments de guerre, presque assurés d'avoir à livrer une grande bataille, n'avaient pris à leur bord que très peu de troupes de débarquement.

Malheureusement l'amiral Villeneuve, qui commandait en chef cette formidable flotte de haut bort franco-espagnole, fit échouer les savantes combinaisons que nous venons d'indiquer ; il ne comprit pas le vaste plan de l'Empereur, se préoccupa trop vivement de l'inexpérience des marins qui formaient ses équipages de vaisseaux ; il fut timide, appréhenda une rencontre avec l'escadre de l'amiral Nelson, et ne vint pas, comme cela lui était impérieusement ordonné, protéger, dans la Manche, le passage de la nombreuse flottille réunie autour de Boulogne.

On vit alors le philanthropique ministère anglais prescrire impérieusement dans toutes les localités, petites et grandes, des trois royaumes de ruineuses et barbares dispositions de défense intérieure.

Voici quels furent les principaux ordres donnés.

Dès qu'on aurait eu connaissance du débarquement des

Français, le drapeau rouge devait être arboré sur les points les plus élevés des côtes ; les habitants des comtés voisins du rivage devaient déserter, à l'approche des ennemis, leurs villes, bourgs et villages, non susceptibles d'offrir une défense régulière; ils devaient, préalablement, évacuer vers l'intérieur les bestiaux, voitures, subsistances et fourrages, ainsi que les effets les plus précieux ; brûler tout ce qui ne pouvait être évacué, briser les moulins, détruire les fours, couper les routes, les ponts, et se former partout en corps de volontaires et de pionniers.

Il était surtout recommandé de ne faire aucun quartier aux Français, attendu, était-il dit, que le nombre de prisonniers venant à s'augmenter, *ces Barbares*, quoique désarmés, pourraient compromettre la sûreté de l'État.

Tous les chevaux et voitures des particuliers devaient être mis à la disposition de l'Etat, et la *presse*, cette odieuse mesure de recrutement, fut exercée avec une rigueur qui n'avait pas encore eu d'exem- ples. On construisit à grands frais des écluses pour inonder le comté d'Essex, et tout fut préparé pour incendier les forêts et détruire tous les bois quelconques.

Enfin le gouvernement, pour exciter au plus haut point l'esprit national, faisait retentir les théâtres, les places publiques, les promenades, les tavernes, du cri patriotique : « *Bretons, to arms!* (Bretons, aux armes!)» et l'on vit les belles de Londres et des autres villes importantes du royaume adopter le casque pour coiffure.

Le gouvernement anglais, justement alarmé des préparatifs immenses de descente qui s'accumulaient non loin de ses côtes, mit tout en œuvre près des cabinets d'Autriche et de Russie pour les déterminer à former une coalition contre nous ; il jeta son or à pleines mains, prodigua des faveurs à leurs hommes d'État, souleva également les sentiments d'amour-propre et de haine de leurs peuples par des moyens bas et honteux, et réussit enfin à décider ces deux souverains à faire une levée de boucliers, à réunir leurs armées et à marcher vers le Rhin.

Le Foreign-Office n'en demandait pas davantage ; la diversion exécutée par ses deux alliés força nos régiments de quitter les côtes de la Manche pour se porter vers l'Allemagne, et le sombre orage qui s'amoncelait dans les camps de Boulogne et de Calais fut éclater loin de la Grande-Bretagne.

Toutefois, cette formidable coalition austro-russe ne put résister aux savantes combinaisons stratégiques et de grande tactique que Napoléon fit exécuter sur les glorieux champs de bataille d'Elchingen, Ulm et Austerlitz.

La cour de Londres ne se rebuta point de l'échec éprouvé dans cette campagne ; elle reprit avec ardeur son activité malfaisante, unie à l'habile dextérité de démon qu'elle savait employer près des cabinets du continent, et parvint, dix ans plus tard, à l'accomplissement de ses efforts : humilier la France, restreindre son territoire, détruire en partie sa marine, et, par-dessus tout, expulser de France, après l'avoir renversé du trône, le grand homme qui la gouvernait.

VIII

Après les événements de douloureuse mémoire qui signalèrent les années 1814 et 1815, la susceptibilité du Foreign-Office à notre égard sommeilla jusqu'en 1822 et 1823, époque à laquelle le parti libéral d'Espagne s'empara du pouvoir. Le ministère britannique avait excité les passions vers ce mouvement dans l'espoir d'en faire son profit : il fut trompé dans son attente.

On sait que la position géographique de l'Espagne ne permettant point à cette puissance de se soutenir par elle même, elle est dans la nécessité de prendre son appui sur l'une des deux alliances qui lui sont possibles : celle de l'Angleterre (1) ou celle de la France, et, pour cette dernière, on ne saurait contester qu'il ne lui soit du plus grand intérêt, pour la sûreté de ses derrières, d'avoir de l'autre côté des Pyrénées un peuple ami et un gouvernement sincèrement allié. L'histoire nous montre que cette pensée a constamment dominé la politique d'Henri IV, Richelieu, Mazarin et Louis XIV.

---

(1) Voir Burke (*Mémoire sur les affaires d'État*). Il exposait au parlement anglais de 1792 qu'il importait autant à la Grande-Bretagne d'empêcher la prépondérance de la France en Espagne, que si ce royaume était une province anglaise.

Or, en 1823, toute alliance étant devenue impossible entre les cortès révolutionnaires et la monarchie française, l'ambitieuse Angleterre saisit l'occasion de cette mésintelligence pour tâcher de briser le pacte de famille et se mettre dans les bonnes grâces des cortès. En conséquence, elle leur promit, tout d'abord, son puissant appui, leur accorda des traités de commerce avantageux qui leur permirent de se procurer des armes, des munitions, et même de l'argent. Espérant, en outre, intimider le cabinet des Tuileries, les ministres anglais lui annonçaient, avec un ton d'extrême arrogance, le projet formel de soutenir la révolution espagnole (1), et faisaient hautement publier, par tous les organes en leur pouvoir, qu'ils s'opposeraient énergiquement à toute intervention armée de notre part, faisant dire même qu'au besoin nous trouverions les baïonnettes anglaises à côté de celles des cortès (2).

Les diplomates du cabinet de Saint-James avaient fort mal jugé des sentiments de la Restauration, dont le dévouement aux intérêts de la France parlait plus haut que la reconnaissance ; la cause nationale étant en jeu, le gouvernement de Louis XVIII, bien que faible et chancelant sur sa base, ne tint aucun compte des dangers ; il mit l'épée à la main, brava en face l'Angleterre, encore couronnée du

---

(1) Voir la correspondance diplomatique qui s'engagea sur ce sujet entre le gouvernement français, représenté alors par MM. de Chateaubriand et de Villèle, et celui d'Angleterre, représenté par M. Canning.

(2) Voir les journaux du temps.

prestige que lui avait laissé la chute de Napoléon, et franchit résolument les Pyrénées. L'orgueilleuse Angleterre se tut, recula devant nous; ses soldats ne parurent point, et les malheureux cortès, abandonnés par elle, ne purent résister.

Lorsque sept ans plus tard (1830), le gouvernement de Charles X eut résolu de tirer une vengeance éclatante de l'insulte faite à la France, dans la personne de son consul, par le dey d'Alger, l'ombrageuse jalousie britannique se réveilla de nouveau; elle éleva de ridicules prétentions, voulut limiter nos exigences, borner l'étendue et la durée de l'invasion en Afrique (1). Ses observations étant peu écoutées, elle poussa l'excès de sa mauvaise humeur jusqu'à proférer la menace de s'y opposer par la force.

Mais le baron d'Haussez, ministre de la marine française, à qui lord Stuart, ambassadeur anglais, osait faire entendre ces insolentes paroles, sut dignement les renvoyer à son auteur. Notre ministre, regardant lord Stuart avec une noble fierté, lui répondit par le défi tout français que voici :

« La France ne redoute point l'Angleterre; elle fera
« dans la circonstance dont il s'agit ce qu'elle voudra,
« sans souffrir de contrôle ni d'opposition. Nous ne som-
« mes plus au temps où vous dictiez des lois à l'Europe;
« votre influence était appuyée sur vos trésors, vos vais-
« seaux et une habitude de domination. Tout cela est usé;
« vous ne compromettrez point ce qui vous reste de cette

______

(1) Voir la correspondance des deux Cabinets de cette époque.

« influence en allant au delà de la menace... Si vous vou-
« lez le faire, je vais vous en donner les moyens... Notre
« flotte, déjà réunie à Toulon, sera prête à mettre à la voile
« dans les derniers jours de mai ; elle s'arrêtera, pour se
« rallier, aux îles Baléares ; elle opérera son débarque-
« ment à l'ouest d'Alger. Vous voilà informé de sa mar-
« che ; vous pourrez la rencontrer si la fantaisie vous en
« prend, mais vous ne le ferez pas ; vous n'accepterez pas
« le défi que je vous porte, parce que vous n'êtes pas en
« état de le faire (1). »

Ces paroles énergiques firent réfléchir à Londres, au point que l'escadre anglaise stationnée devant Gibraltar reçut l'ordre de s'éloigner afin de ne pas même être vue des bâtiments français.

IX

Depuis la fin de la guerre de Crimée, la méfiance, la crainte et l'envie, sont rentrées dans le cœur de ces insulaires ; notre prospérité les fatigue, la gloire de nos armes blesse leur orgueil national, et l'accroissement du chiffre de nos vaisseaux leur inspire d'extrêmes frayeurs ; aussi est-il évident que leur haine, devenue profonde, couve de

---

(1) *Histoire de la conquête d'Alger*, par Alfred Nettement, pages
et suivantes.

mauvaises intentions à notre égard, et l'on peut aisément remarquer l'esprit d'âcreté qui filtre par tous les pores des hommes d'État anglais au milieu même des apparences de cordiale amitié qu'ils cherchent à exprimer avec effusion.

Il serait, selon nous, dangereux de se fier à leurs caresses et à des témoignages de cordiale entente, car il entre dans l'esprit politique du gouvernement britannique, vu la situation géographique de son royaume, de nous nuire et de contrarier sourdement nos intérêts partout, jusqu'au moment où il trouvera l'occasion de nous frapper rudement (1).

Aujourd'hui, la puissance de la vapeur a changé les situations respectives; nos bâtiments à hélices ou à roues voguent d'une manière régulière contre vents et marées; il devient dès lors possible de calculer à l'avance et avec précision, d'un lieu de départ, la durée de leur marche et l'heure de leur arrivée au point indiqué.

Or, la distance qui sépare les côtes britanniques des nôtres peut être franchie en très peu de temps; et comme on peut déterminer, sans crainte de notables variations, la route et la vitesse à donner à nos navires à vapeur, on pourrait, en déployant quelque habileté, aborder sur un point choisi du sol anglais, de Plymouth à Douvres, afin de saisir corps à corps, sur son propre terrain, cet implacable et constant ennemi.

---

(1) On a dit depuis des siècles que la maxime fondamentale de la politique anglaise était de chercher le mal de la France d'abord, puis le bien de l'Angleterre.

X

Examinons maintenant avec sang-froid et sans prévention cette hargneuse voisine; cherchons à la bien connaître et à mesurer à leur juste valeur les moyens de résistance, soit sur mer, soit sur terre, qu'elle serait à même de nous opposer le cas échéant de nouvelles et sérieuses collisions.

Les journaux de Londres se plaisent à nous répéter bien haut que le nombre des bâtiments de guerre de toute grandeur comme de tout genre est au moins le triple de ceux de la France (1). Cette comparaison nous semble exagérée; toutefois, acceptons pour un instant leur assertion comme exacte.

Mais ce que ces feuilles ne nous disent point, c'est qu'une impérieuse nécessité oblige l'Angleterre à entretenir constamment de nombreuses stations dans la mer des

---

(1) Un rapport officiel préparé avec soin, dit *le Moniteur de la Flotte*, établit le chiffre des navires de guerre de toute espèce, vaisseaux de ligne, frégates, corvettes et sloops, navires de surveillance et autres, chaloupes canonnières, tenders, etc., que possèdent les nations civilisées du monde, ainsi qu'il suit :

L'Angleterre, 626; — la France, 448; — différence, 178. (*Constitutionnel* du 19 décembre 1859.)

Indes et dans celles qui baignent leurs diverses colonies, afin de maintenir sous le joug les peuples qui les habitent (1).

Il résulte de cette nécessité que les flottes britanniques sont très divisées, et que le véritable effectif de celles qui sont destinées à protéger les côtes des Trois-Royaumes se trouve considérablement diminué de ce qu'il peut être dans son ensemble.

Ne serait-il pas possible que la vraie force des escadres restées disponibles pour sauvegarder le territoire anglais ne fût guère supérieure à celle des flottes que la France pourrait, de son côté, mettre à la mer?

Or, l'usage des voiles étant en partie tombé devant les appareils d'où sort la force motrice de la vapeur, l'emploi de ce dernier élément n'exige plus, pour la conduite des bâtiments qui en sont pourvus, quel que puisse être leur rang, un personnel de matelots aussi expérimenté qu'il le fallait auparavant pour bien manœuvrer les voiles.

Dès lors la grande supériorité que l'on attribuait, à tort ou à raison, à l'habileté des équipages anglais, n'existe presque plus aujourd'hui, où les manœuvres d'un navire à vapeur sont si simples et si peu compliquées qu'à bien prendre un steamer pourrait naviguer avec un capitaine,

____

(1) Le tableau des colonies de l'empire britannique, dressé par MM. de Rougoux et Alfred Maiguet dans leur *Histoire d'Angleterre depuis les temps les plus reculés*, publiée en 1844, porte le nombre total à 66, savoir : En Europe, 11 ; en Asie, 12 ; en Australie, 4 ; en Afrique, 9 ; en Amérique méridionale, 3 ; Amérique septentrionale, 9 ; îles des Indes occidentales, 18.

un mécanicien, un chauffeur et un pilote à la barre du gouvernail. Quant aux autres marins de l'équipage, ils ne sont que de simples auxiliaires pouvant sans danger être moins exercés que lorsqu'il s'agissait de voguer avec les voiles.

On a vu récemment les vaisseaux anglais opérer dans la mer Noire et la mer d'Azof ; leurs officiers et leurs matelots n'ont déployé qu'un savoir nautique ordinaire, et leur activité comme leur ardeur dans les manœuvres de mer ou de combats n'ont présenté aucun fait remarquable. Cette occasion a parfaitement démontré que l'armée navale de ces insulaires ne possède rien qui puisse nous la rendre particulièrement redoutable.

Les flots de l'Océan, par lesquels la Providence s'est plu à isoler ces continents des autres pays, font du peuple anglais une nation à part, d'autant plus dangereuse que, pleine de confiance dans sa ceinture liquide, elle a pu jusqu'ici insulter et braver impunément tous les gouvernements de l'Europe et du Nouveau-Monde, aux frontières desquels elle va toucher avec ses nombreux vaisseaux ; et, forte de sa situation, elle a mêlé partout sa politique égoïste dans les affaires particulières de chacun d'eux, leur soufflant alternativement la discorde, ou les rapprochant, selon que l'intérêt matériel de sa nation devait s'en trouver plus ou moins favorisé.

Or, cette sorte de suprématie est aujourd'hui fortement menacée : le formidable élément de la vapeur, dont la grande puissance sait vaincre à la fois la violence des vents et la résistance des flots, compromet gravement la fortune britannique, attendu que l'intelligent emploi de cet auxiliaire précieux rend le sol de ces orgueilleux Bretons vulnérable aux coups de leurs ennemis.

Quant à leurs troupes de terre, le caractère lent et méthodique qui les distingue les rend peu aptes à des marches rapides ; elles veulent, en outre, être abondamment pourvues de vivres, et surtout de liqueurs alcooliques. La nécessité pour elles d'être entourées d'un certain confortable, difficile à obtenir à la guerre, et dont elles ne sauraient par elles-mêmes rendre l'absence moins sensible, font de ces insulaires des soldats bons pour la défense d'une position, mais non pour soutenir des luttes d'une très active offensive.

La campagne de Crimée a parfaitement mis à jour les parties faibles de l'armée anglaise, soit dans le moral des hommes, soit en ce qui concerne l'organisation militaire des corps.

Le général Wellington avait su faire briller sur la tête de ses soldats une réputation usurpée, par suite des circonstances malheureuses de la France : Sébastopol leur a fait perdre la majeure partie de ce prestige.

L'Angleterre ne pourrait nous opposer que fort peu de troupes régulières, jointes à des milices sans expérience, et quelques milliers de volontaires sans organisation, ayant, les uns et les autres de ces corps, de médiocres officiers pour les conduire, et des généraux sans réputation.

L'argent est son principal agent de guerre sur le continent ; entre les mains des membres du Foreign-Office, il

est employé à solder l'intrigue et la corruption, à fomenter
des coalitions, à subventionner les gouvernements assez
insensés pour ne pas craindre de compromettre leur indépendance, ou de prodiguer pour de l'or le sang de leurs
soldats ; à servir la jalousie, l'ambition ou les intérêts
mercantiles de l'Angleterre.

On le vit, en 1814, prodiguant ses guinées sur une très
grande échelle, les faire jouer avec un succès décisif près
des monarques alliés. En effet, à la fin de février de cette
année, les souverains coalisés contre l'empereur des Français se trouvaient dans une position critique ; un nuage
de méfiance s'était glissé parmi eux ; l'alliance touchait à
une rupture : elle manquait d'argent et n'osait point en
imposer aux provinces envahies, dans la crainte de provo-
quer un soulèvement en masse des habitants. L'armée de
Silésie, forte de 65,000 hommes, sous les ordres de
Blücher, se trouvait affaiblie et désorganisée par les
énormes pertes qu'elle avait successivement éprouvées
dans les mémorables combats de Champ-Aubert, Mont-
mirail, Château-Thierry et Vauchamps.

L'armée dite de Bohême, dirigée par Schwarzemberg,
général en chef de toute la coalition, avait également été
battue à Mormans, Nangis et Montereau. Ces désastres
avaient obligé les souverains à une prompte retraite, et ils
étaient revenus à Troyes et Chaumont.

Blücher, le plus maltraité, demandait instamment à
l'empereur de Russie des renforts que les souverains ne
pouvaient lui envoyer qu'en dépouillant le roi de Suède,
Bernadotte, de ses deux principaux corps d'armée, l'un

prussien, aux ordres de Bulow, et l'autre russe, sous Wintzingerod. On savait que Bernadotte était d'un caractère très susceptible, et on ne voulait point l'indisposer. Dans cet état de choses, l'argent anglais vint tout arranger. Lord Castlereagh donna 25 millions au roi de Suède, qui permit aux deux corps d'armée d'aller se ranger sous Blücher; ce premier ministre promit surtout de payer annuellement jusqu'à la fin de la guerre 150 millions, à partager par tiers entre l'Autriche, la Prusse et la Russie. En retour de cette grosse et immédiate subvention, les trois monarques s'engagèrent à fournir chacun 150 mille combattants, et l'Angleterre un pareil nombre ; ce qui donnait un total de 600,000 soldats à lancer contre Napoléon Ier.

Au moyen du puissant mirage de son or, le ministre anglais obtint plus encore. En prévision de la paix, il fit signer aux trois souverains un traité de mutuel secours pendant vingt ans, lequel obligeait chacun d'eux et celui de la Grande-Bretagne de fournir 60,000 hommes, ensemble 240,000, pour aider celle des quatre nations qui pourrait être en guerre avec la France dans le cours de cet intervalle (1).

Toutefois, la puissance financière de l'Angleterre n'est plus aussi florissante qu'elle l'était au temps de la République et du premier Empire; elle n'a plus, pour grossir son trésor, l'entier monopole de l'industrie commerciale avec tous les peuples du Nouveau-Monde et de l'Inde ; celle-

---

(1) Voir le traité de Chaumont, signé le 1er mars 1814. Thiers, 17e vol.

ci surtout a cessé de lui fournir les immenses ressources qu'elle lui procurait alors ; on la voit, au contraire, réclamer aujourd'hui de sa métropole des envois d'argent qui nuisent considérablement à l'équilibre du budget britannique.

XI

Reportons maintenant nos regards sur notre patrie ; tâchons, par une appréciation comparative de son état militaire de terre et de mer, puis de la situation de ses finances, d'obtenir une idée assez juste de ses moyens d'action ; examinons, à l'aide de cette scrupuleuse analyse, si nos éléments offensifs sont égaux ou supérieurs à ceux dont on pourrait faire usage pour attaquer ou se défendre contre notre rivale d'outre-Manche.

Nous admettons tout d'abord, comme nous l'avons déjà dit, que le chiffre total de nos bâtiments de guerre est de beaucoup inférieur à celui que possèdent les Anglais ; mais, en revanche, nos vaisseaux, frégates, corvettes et bricks, sont en général moins vieux, moins fatigués que les leurs, d'après l'appréciation faite par nos officiers de marine.

Tous nos navires, quels que soient leurs degrés de puissance, sont savamment construits : leur équipement, comme leur armement, est bien entendu et parfaitement complet.

Les officiers de tout grade qui les montent joignent à une remarquable expérience de la mer une profonde connaissance théorique des diverses branches de la science nautique ; ils sont, en outre, très actifs, braves, résolus, et avec cela pleins de ressources : qualités essentielles pour parer aux périls si fréquents de la navigation.

Nos marins composant les équipages se rangent en deux catégories : 1° ceux qui proviennent de l'inscription maritime ; 2° ceux que fournit, chaque année, la conscription.

Les premiers, habitués dès l'enfance à la dure vie de la mer, sont consommés dans leur métier, ce qui les rend particulièrement propres aux manœuvres des hautes voiles.

Les seconds, désignés la première année de leur service sous le nom d'apprentis marins, sont naturellement braves et déterminés comme tous les jeunes Français ; mais, appelés par le sort à servir dans une arme à laquelle ils sont presque tous complétement étrangers, ils n'ont pas toute l'agilité et toute l'assurance nécessaires pour grimper dans les haubans, gravir sur les mâts et voltiger le long des vergues ; toutefois, leur vive intelligence les rend bientôt propres à l'exécution de tout ce qui concerne les basses manœuvres du bord.

Nos bâtiments de guerre, petits et grands, offrent l'avantage d'être à peu près tous disponibles ; il n'y aurait donc que très peu d'entre eux à distraire pour un service actif, éloigné, et, par suite, en cas d'une entreprise maritime, on pourrait les rassembler presque tous, sans inconvénient, en escadres combinées, sur un point de la mer non loin de nos côtes, et les faire concourir à la même expédition si besoin était.

Pendant la guerre de Crimée, notre flotte a eu l'occasion de prendre le premier rang parmi celles de nos alliés; ses diverses navigations sur les côtes de la mer Noire et de la mer d'Azof ont montré à tous ses admirables qualités.

A l'égard de nos troupes de terre, la remarquable organisation intérieure des divers corps qui composent l'armée; l'excellence du système de recrutement annuel, par lequel chacun de ces corps est alimenté; l'esprit vif, uni au caractère naturellement belliqueux des enfants de la France, placent nos troupes en première ligne parmi celles des autres nations du monde.

Nos régiments jouissent d'une forte et solide constitution, parce qu'ils ont pour chefs des hommes instruits dans le métier des armes, et qui ont tous acquis les divers grades dont ils sont revêtus par des services militaires réellement actifs et justement appréciés de leurs inférieurs. Et les soldats, se voyant l'objet constant des soins les plus minutieux d'une administration paternelle, éclairée, et surtout d'une probité à toute épreuve, n'ont en général dans le cœur pour de tels chefs que des sentiments de confiance, d'affection et de dévouement.

Nos régiments de toutes armes sont en outre essentiellement mobiles; aucune entrave ne les empêche d'être mis immédiatement en marche pour passer de l'état de garnison à celui de guerre; leur formation en brigade, division, corps d'armée, n'éprouve aucun retard, et les voies ferrées qui maintenant sillonnent dans tous les sens le sol de l'Empire, les aidant de leur concours, transporteraient avec une étonnante rapidité les corps entiers, hommes, chevaux et matériel (1).

Un aussi favorable état de choses fournit au Gouvernement la précieuse faculté de réunir en peu de jours sur un point choisi de nos côtes un ensemble de forces redoutable. Enfin, le chiffre considérable de nos soldats, même sur le pied de paix, comparé à celui que pourrait mettre sous les armes, en troupes régulières, le cabinet de Londres dans un cas d'urgence, nous semble être dans la proportion d'infériorité comme 1 est à 5 au moins.

La campagne de Crimée a rangé côte à côte, sous le feu de l'ennemi, nos soldats et ceux de la Grande-Bretagne ; ces derniers ont montré de la bravoure, sans doute, mais aussi un grand embarras vis-à-vis des nécessités de la guerre et de ses obstacles journaliers.

Le savoir-faire des troupes françaises, au contraire, la gaieté, l'élan, la détermination qu'elles apportaient dans les combats, la remarquable promptitude qu'elles savaient mettre à construire les travaux de siége qui les concernaient, ont été l'objet de l'admiration soit des alliés, soit des ennemis.

Il est résulté de ce rapprochement que les soldats français ayant vu à l'œuvre cette armée d'insulaires, qu'une

---

(1) La promptitude avec laquelle nos troupes ont été prêtes à commencer la dernière campagne d'Italie a étonné l'Europe. Elle prouve la vérité de ce que nous avançons.

réputation à peu près due au hasard avait placée si haut après les désastres de la France, ont pleinement apprécié leur genre de mérite et ne redouteraient point d'être appelés un jour à se mesurer avec eux le fer à la main.

Passons à la question des finances.

On ne peut disconvenir que la France ne soit très riche; ses industries variées, ses chemins de fer, l'excellence de ses productions agricoles, tout révèle, en un mot, une aisance générale parmi ses habitants.

Un tel état de choses donne à son gouvernement la certitude d'obtenir facilement les capitaux nécessaires pour l'exécution d'un grand dessein militaire : car le crédit de la France est immense aujourd'hui, le nouveau système d'emprunt l'a parfaitement mis en relief. L'étonnant succès de la mesure pratiquée déjà trois fois par le Gouvernement a prouvé combien est grande dans l'opinion publique la confiance de la garantie qu'offre la fortune nationale; aussi a-t-on vu les classes les plus infimes, comme les plus élevées, accourir en foule pour verser leurs capitaux dans les caisses de l'État.

XII

Les analyses auxquelles nous venons de nous livrer démontrent jusqu'à l'évidence cette satisfaisante vérité: que, les dangers de mer n'étant plus aussi difficiles à vaincre, nous sommes sous tous les rapports en possession maintenant de moyens plus que suffisants pour nous procurer des triomphes décisifs contre nos fiers adversaires d'outre-Manche.

Plusieurs orateurs des deux Chambres anglaises, d'accord dans leurs discours avec le dire des journaux de Londres les plus accrédités, expriment depuis plusieurs années de vives inquiétudes sur la faiblesse de leur situation ; les uns et les autres ne peuvent se dissimuler, en effet, que leur sûreté ne saurait être aussi parfaite qu'autrefois : car le bras de mer qui jusqu'ici protégeait si efficacement le rivage des Trois-Royaumes a considérablement perdu de son importance défensive.

Les terreurs des hommes politiques les plus avantageusement placés dans l'opinion de nos intelligents voisins ont quelque chose de vrai en notre faveur ; elles signalent l'état précaire de leur nation, et nous n'en sommes que plus encouragé à rechercher quel serait le meilleur système à suivre en cas de nouvelle brouille avec eux.

Une simple campagne navale où il ne s'agirait que de piller le commerce de la Grande-Bretagne sur toutes les mers, ravager et rançonner les colonies de cette nation, remporter des victoires sur ses flottes, loin de l'Europe, ne pourrait plus satisfaire les besoins de la France, désireuse de se venger de *six siècles d'insultes et de hontes*, ainsi que l'a si bien dit Napoléon Ier dans sa lettre à l'amiral Ganteaume (1).

---

(1) Thiers, *Histoire du Consulat et de l'Empire*, t. 5, p. 451.

Nous avons exposé les griefs prolongés dont l'Angleterre n'a cessé d'accabler la France, puissance maritime comme elle, et la seule qui ait pu jusqu'ici troubler sérieusement son monopole maritime, industriel et commercial. Ne pourrait-elle donc pas se mettre aujourd'hui à la tête d'une grande ligue européenne, pour venger avec elle les peuples que l'Angleterre a si longtemps opprimés?

Nous avons également comparé les conditions de forces respectives; nous aurions pu, comme nous l'avons d'abord annoncé, signaler ici les moyens de faire agir les nôtres d'une manière décisive; mais n'allons pas plus loin, quant à présent. Bornons-nous seulement à dire que, le cas échéant d'une nouvelle guerre, nos soldats de terre et de mer n'auront jamais exposé leur vie pour une cause plus digne de la reconnaissance nationale.

2938 — Imprimerie de Ch. Jouaust, rue Saint-Honoré, 338.